창문은 열어 두겠습니다

오영효 디카시집

도서출판 상상인

창문은
열어
두겠습니다

작가의 말

서로의 마음을 나눈다는
설렘으로 두근거립니다

사물이든 무생물이든 모두
하고 싶은 말을 갖고 있다는 것
눈 맞추며 주고받는 말 속에
포용과 연민의 마음이 생긴다는 것

누군가 한 편이라도
공감으로 끄덕일 수 있다면
조용한 새벽안개로 피어나겠습니다

                    2024년 여름 광명에서
                            오영효

차례

1부

꽃의 이름으로 부르고

흰나비	12
비우며 수행하는 나무가 있다	14
불시착 드론	16
벽을 향해	18
눈물의 질감	20
소리의 무덤	22
사위어 간다는 것	24
저녁의 찰나	26
커피 한 잔 주실래요	28
美디움	30
황톳길	32
땅거미를 몰고	34
아파	36
하늘의 창	38
바람 부는 날	40

2부

걸음의 시작이
어디였는지

옹알이	44
지친 무늬	46
딱새	48
5단지 정류장	50
낙서	52
한 줌의 볕	54
심해 속으로	56
춤	58
아침을 만나	60
메리골드	62
맨발	64
바람의 얼	66
그림자보다 오래	68
커튼콜	70
다	72
1월에	74

3부

먼 데까지
가서 운다

새날은	78
부드러움에게	80
봄날이 가도	82
저수지에 밤이 내리면	84
담	86
다비	88
환생	90
고양이는 詩作 중	92
저녁에 보내다	94
모음	96
그저	98
소주	100
처서, 숲	102
왜, 여기에	104
윤회	106
기쁨	108

4부

들꽃 향기가
　　　　몰래
　　　스며드는

그 너머 아득히	112
똑… 똑똑	114
닮았다	116
수묵 담채	118
식어버린	120
벌컥벌컥	122
운동회	124
갈증	126
이효석	128
멀리까지	130
오래된 훗날	132
약손	134
녹턴	136
오케스트라	138
탯줄	140
어디만큼이	142

해설 _ 디카시로 읽는 사유의 깊이와 아름다움 145
복효근(시인)

1부

꽃의 이름으로
부르고

흰나비

날개의
다짐을 받았으니
이제는
날아야 할 때

비우며 수행하는 나무가 있다

고요에 잠긴
순한
그 향기는
깨울 수가 없습니다

불시착 드론

엄마!
드론이 뭐야...
으응...
단풍이 만든 예쁜
씨앗이었네...

벽을 향해

첫발을 더듬는 시간
처음은 다 그랬다
겁 없이

눈물의 질감

바닥에 닿을수록

단단해진다

눈물!

소리의 무덤

바닷소리 쟁였던
달팽이관
닫을 수 없는 귓불로
서로를 듣네

사위어 간다는 것

이렇듯
가만가만
숨의 결을
어루만지는 것

저녁의 찰나

깊은

하늘이 안으로

스미는 시간

하루를

위로받는 시간

커피 한 잔 주실래요

비행 중 잘못 내렸어요
어쩌겠어요...
다음 생에는 따스한
가슴들이 살고 있는
거기로 갈 겁니다

美디움

85 A컵에 포옥
안겨서 미디움이다
그러므로 너를,

꽃의 이름으로
부르고 싶다

황톳길

태초의 엄마에게로
양말을 벗고
발목에
힘주며
들어선다

땅거미를 몰고

아이들은
모두 돌아가고

나를
부르는 엄마가 없고

1부   달빛과 고양이 소년

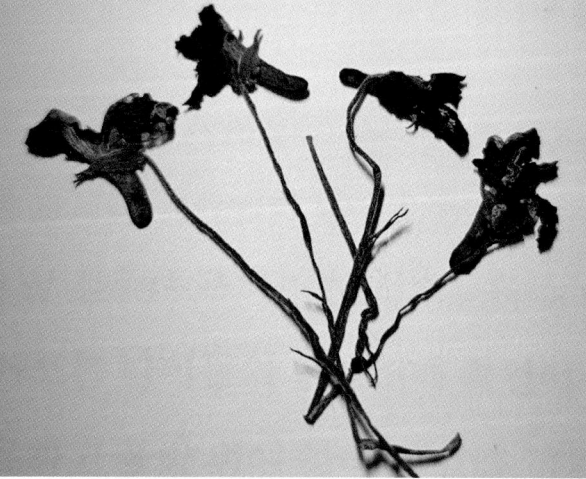

아파

고양이 소년*이
쥐여 준 제비꽃

1부의
잠을 자네
차마 깨울 수가 없네

* 길상호 에세이에서 인용.

하늘의 창

그 너머로 지금 막
나비 한 마리
나풀나풀
누구의 영혼일까

바람 부는 날

후두둑
후두둑

하늘로 떨어지고 싶은
바람 먹은 돌

2부

걸음의 시작이 어디였는지

옹알이

이제 막
피어났어요

이름을
바꾸고 싶어요

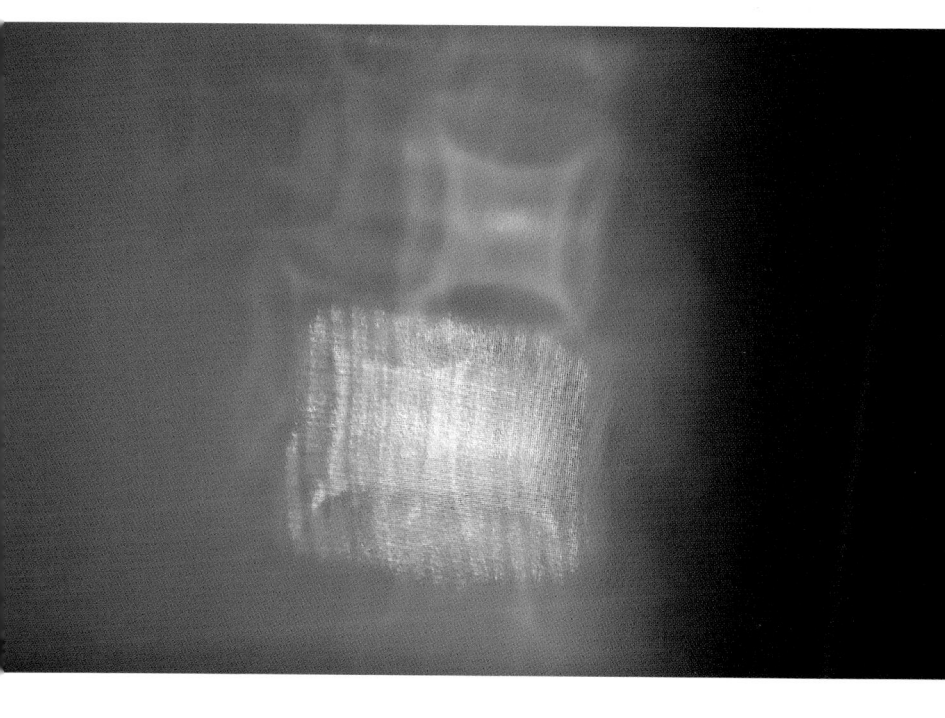

지친 무늬

새벽을 신고
또
오늘을 살러 간다

딱새

아침마다 꿱, 꿰엑
앉아 울던 둥지
어디서
낯선 잠을 청할까
비를 피할까

5단지 정류장

봄 심을 깊은 고랑
다 갖고 있어,

이리 할매
귀 어두워도
환하기만 하네

낙서

걸음의 시작이
어디였는지
왜 걷고 있는지
알 수 없는 날은
안으로 비가 온다

한 줌의 볕

두꺼운
목도리를 감고도
늘 마음이 추운,

그의
멀기만 한 봄

심해 속으로

풍덩
뛰어든 나무
바람이 불면
물고기로 헤엄치네

춤

물을 만진다
물이 만졌다

맨발에
토슈즈를 신는다
바라대로* 해변

* 쿠바의 작은 마을.

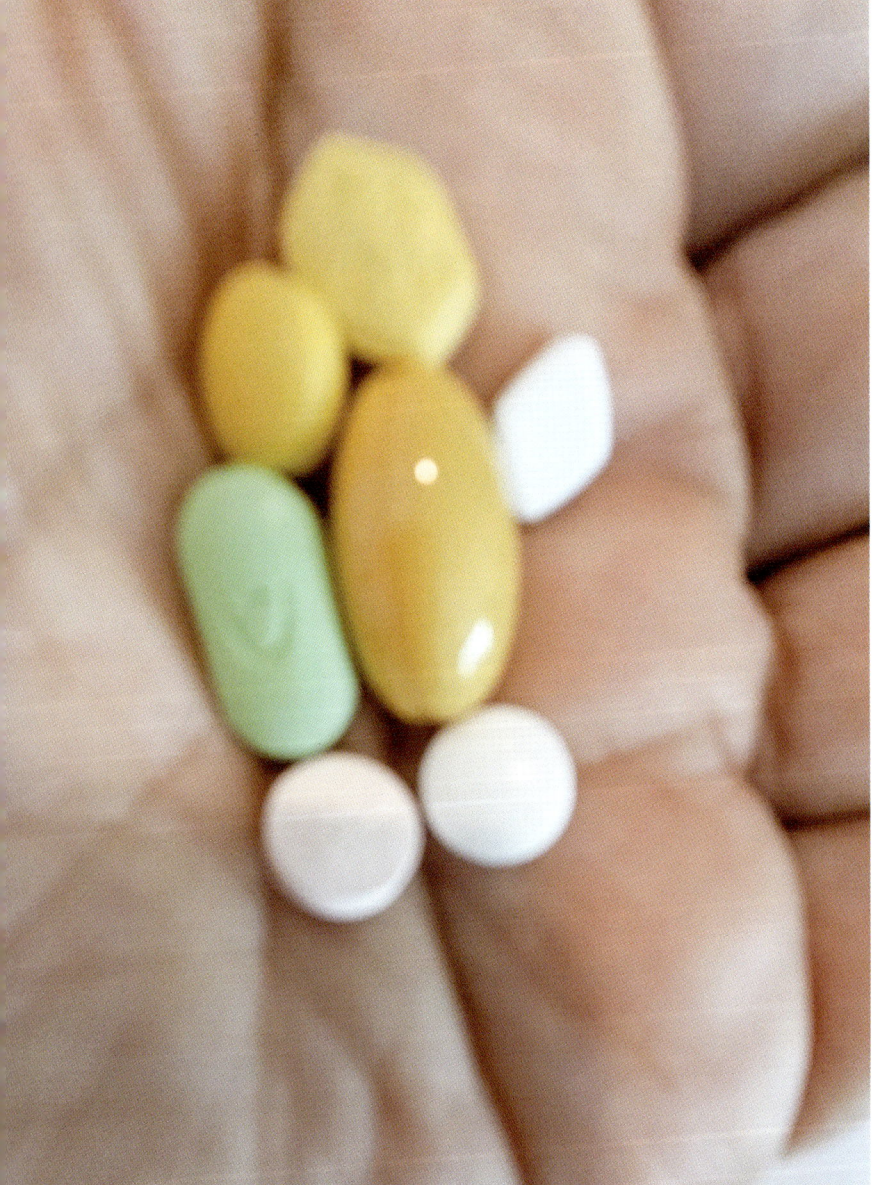

아침을 만나

손잡고 나란히
먼 길 같이 갈
친구들아
반갑다!

메리골드

다시 깨어나는
생이 있다면
그건 분명
영혼의 향기일 터

맨발

저기
끝까지
오래 걸으면
발바닥에도
뿌리가 내린다

바람의 얼

잠시라도
사람을
내려놓고,

눈 감고 지그시
등을 기대 봐요

그림자보다 오래

눈 위에
길게
눕고 싶은
날
있다

커튼콜

영화가 끝나
엔드 크레딧이
올라가고,

끝없는 파도의
박수 소리

다

비우고서의
색채

탄생의 프로포즈
73 x 73 cm Gouache on canvas, 2023

"끝없는 보석의 박힌 반지"
위, 보석이 아니라 희망으로 내일을 품은 자연의 입굴로

12 2023 December
S	M	T	W	T	F	S
					1	2
3	4	5	6	7	8	9
10	11	12	13	14	15	16
17	18	19	20	21	22	23
24/31	25	26	27	28	29	30

1
January 2024

2 February
S	M	T	W	T	F	S
				1	2	3
4	5	6	7	8	9	10
11	12	13	14	15	16	17
18	19	20	21	22	23	24
25	26	27	28	29		

SUN	MON	TUE	WED	THU	FRI	SAT
	1 신정	2	3	4 우리은행 창립일	5	6 소한
7	8	9	10	11 12.1	12	13
14	15	16	17	18	19	20 대한
21	㉒ 명절	23	24	25 12.15	26	27
28	29	30	31			

1월에

너의
발목에
둥그란 쇠 종
하나 달아줄까

3부

먼 데까지
가서 운다

새날은

하늘 닿은
저기서부터
가만가만
걸어서 온다

부드러움에게

가만히 볼을
스쳐본다는 것

봄날이 가도

4월 한 잎
심중에 담고
오래
바라볼 수 있다면

저수지에 밤이 내리면

영혼이 춤추며
사람 속에 녹아드는
팬터마임 무대

담

나에게도
뛰어넘을 수 없는
실선이 있다

다비

가벼운 날개로
문득
날아오른다,

나비 떼

환생

이건
분명
찰나의
절정이야

고양이는 詩作 중

퇴고하다
놓친 시어詩魚
꿈길에서 만날까

저녁에 보내다

멀어지는
거리만큼
창문은
열어 두겠습니다

모음

야옹~
울음은
오지 않는 어미만
들리는데

그저

그림자가
떠나려는 것이다
영혼마저 데리고…

나는 스쳐 가는
바람 될 수 있을까

소주

모래알로
울고 싶던
몇 개의
해거름이 있었다

처서, 숲

귀뚜라미
가늘은 소리
살갗을 빠져나가

먼 데까지
가서 운다

왜, 여기에

갇혀버린 육성
절벽에 새기고,

연민의 눈길로
지구를 바라보네

윤회

먼 길
돌아와
우두커니...

기쁨

그리고

사랑입니다

4부

들꽃 향기가
   몰래
 스며드는

그 너머 아득히

사소한
이야기들이
몰려 온다

멸치 떼의
은비늘처럼!

똑… 똑똑

뻐꾸기가
낮잠 자는 곳
들꽃 향기가
몰래
스며드는 곳

닮았다

쌓아갈수록
살아갈수록
더
깊어지는
무게의 중심

수묵 담채

바위틈을
더듬으며

제 길을 덧칠하는
작은 붓끝

식어버린

분화구
무엇으로 채워야 하나
그 이름 석 자

벌컥벌컥

첫 햇살 같은
저
웃음 한 대접
들이켜고 싶은

* TV 프로그램 <가축과 야생동물> 사진 찍음.

운동회

여린 손목 꽉 잡고
아빠와 달리던
일곱 살의
키 작은 운동장,

환하게 웃네

갈증

하늘 한 모금

점점
말라 가는 얼

이효석

소금을 뿌려 놓은 듯
동강 메밀꽃
밤에도
보러 와야지

멀리까지

동전
꼭 쥐고
너에게로
달리던 때

오래된 훗날

그때는 우리
사랑해도 될까요

약손

쓰다듬는 소리의
결
데려가고 싶은
사람 있다

녹턴

어떤 외로움이
먼 길 걸어와
창가에 내려놓는
맨발의
야상곡

오케스트라

고양이 코끼리 말 거북이
그리고 종,

제 몸의
음색을 조율해 놓고
호흡을 고른다

탯줄

한때
우리도 매달렸던,

다시는
되돌릴 수 없는

어디만큼이

나의
꽃날이었는지

∞ 해 설

디카시로 읽는 사유의 깊이와 아름다움

복효근(시인)

   인간의 감정과 사유를 예술적으로 표현하는 여러 양식과 장르가 있다. 디카시는 그 많은 양식과 장르 가운데 비교적 최근에 생겨난 새로운 것이라 할 수 있겠다. 디카시의 외적인 형식을 보면, 디지털카메라로 포착된 사진 이미지에 '언술'이라고 하는 길지 않은 언어표현이 결합되어 있다. 여기서 기왕에 있던 시의 형식을 지니고 있는 '언술'은 언술 그 자체가 짧은 시이면서 사진 이미지와 융합해서 시와는 다른 또 다른 미학적 아우라를 만들어낸다. 디카시에 쓰인 사진 또한 사진 그 자체가 갖고 있는 메시지와는 달리 언술과 결합됨으로써 새로운 의미를 구축하게 된다. 시라는 명칭을 얻게 되었지만 앞에서 말한 이유로 디카시는 일반 시와는 다른 미학적 특성을 지니고 있으며 일반 시와는 변별되는 디카시 나름의 창작기법이 있을 수밖에 없다. 그래서 "디카시는 시가 아니라 디카시"라는 설명이 가능한 것이다.

  스마트폰에 카메라 기능이 있어 누구나 쉽게 사진을 찍을 수 있게 되고 여기에 디카시라는 양식이 출현하면서 일반인도 자신의 감정과 사유를 예술적으로 표현할 수 있는 길이 열렸다. 일반 시에서는 이미지를 언어로 형상화해야 하는 어려움이 있는데 디카시에서는 사진 이미지가 시각적으로 보여주고 있기 때문에 그 부분을 크게 고민하지 않아도 된다. 시적인 모티프를 잘 포착만 한다면 그와 비유 관계에 있거나 거기서 촉발된 감정과 사유를 짧은 언술로 표현하여 디카시를 창작할 수 있다.

  그 개념과 창작의 과정과 원리를 이해하고 나면 그리 어렵지 않게 접근할 수 있다는 점에서 많은 사람들이 디카시를 창작하고 있으며 바야흐로 디카시 붐의 시대가 도래했다. 백화만발이다. 생활예술로서 확고한 자리를 잡은 것 같다. 그러나 하나의 예술양식은 누백년의 시간을 거쳐오면서 쇠퇴하고 발전하고 변화를 거듭해오면서 진화하는 것이 일반적이다. 디카시는 그 양식이 지상에 선을 보인 지 불과 20여 년이다. 아직은 모색기에 있으며 그 양에 비추어 질이 본격예술에 이르렀다 할 만큼 큰 성취를 이루었다고 보긴 어렵다.

그렇지만, 그럼에도 불구하고 디카시가 갖고 있는 그 미학적 특성을 활용하여 자기만의 독특한 세계를 만들어가고 있는 많은 이들의 노력은 고무적이라 하지 않을 수 없다. 많은 디카시인들이 표현기법에서, 그리고 그 내용면에서 일반 시가 그렇듯이 개성적이면서도 일관된 자기만의 미학을 개척하고 있는 모습은 디카시의 미래가 어둡지 않다는 것을 증명하고 있다. 어떤 이는 종교적 사유 세계를, 어떤 이는 철학적 사유를 일관된 주제로 드러내는가 하면 일상생활에서 소박하고 따뜻한 정서를 표현한다. 대개는 이러한 여러

가지 사유와 경험이 한 데 섞여 있는 경우가 대부분이다. 그럼에도 이전의 일반적인 시가 감당해내지 못한 부분을 디카시가 효율적으로 드러내어 나름의 미학을 성취하고 있는 점은 디카시의 큰 매력이라 하겠다.

  오영효 시인의 디카시집은 디카시로서는 처녀 작품집이다. 그런 만큼 시인의 디카시는 내용과 기법 면에서 여러 분야로 관심을 열고 자신만의 디카시 미학을 모색하는 그 시작점에 있다고 하겠다. 그렇지만 작품 전체에 걸쳐 매우 명상적이며 압축된 언술은 나름의 독특한 영역을 개척하고 있음을 확인할 수 있다. 뒤에 살펴보겠지만 침묵을 지향한다고 하는 하이쿠처럼 짧게 압축된 언술은 그 명상적 여운이 매우 길다. 독자에게 상상과 해석의 다양한 여지를 준다는 의미다. 비교적 단순한 이미지로 집중된 사유가 간결하게 제시되면서 작품에서 쉽게 눈을 떼서 옮기게 하지 못하게 하는 힘이 있다.

  단순한 이미지, 매우 간결하게 압축된 언술, 그럼으로써 생기는 집중적이고 긴 여운은 오영효 시인의 디카시의 중요한 특징으로 보인다. 자신만의 색채와 목소리를 지닌 디카시를 개척하고 있다는 증거가 아닐 수 없다.

어디만큼이

나의

꽃날이었는지

앞에 제시된 이미지는 단풍이 든 산이라는 걸 누구나 알 수 있다. 낯설고 기묘한 풍경이 아니라는 점에 유의하자. 평범하고 일상적인 소재가 이미지로 쓰인다는 점은 일상에서도 시를 찾아내는 내공과 노력의 결과라고 할 수 있을 것이다. 사진 이미지가 예술 사진처럼 뛰어날 필요는 없다. 시적 모티프가 담겨 있는 정도면 된다. 그러나 그 이미지가 뒤따르는 언술과 융합하여 미묘한 화학반응을 일으켜서 시적 모티프가 모티프로 그치지 않고 시적 감동을 빚어내야 한다. 평범한 음식 재료로 맛있는 요리를 만들어내는 경우와 같지 않을까 싶다.

  이 시는 언술 부분에 작가의 의도와 작법이 드러난다. 제목과 본문의 구분을 없애고 제목은 제목이로되 본문과 이어지도록 했다. 제목 자체에서도 여운을 갖게 하고 그와 연결된 짧은 본문에서도 여운이 남는다. 구분 지었으되 구분하지 않는 기법이 독특하다. 뒤에 살펴보겠지만 '꽃날'과 '꽃날 아닌 날(단풍)'과의 구분은 무의미하다는 점을 나타내고자 했는지도 모른다.

단풍을 나무의 끝으로 보지 않았다. 여기서 단풍은 인생의 가을에 접어든 시인 자신의 삶을 비유한 것으로 볼 수도 있다. 단풍은 푸른 잎에 꽃 피웠던 젊은 날과 대비되는 계절의 표징이다. 그러나 시의 언술 부분을 보면 "어디까지가//나의 꽃날이었는지"하고 의문형으로 맺고 있다. 여기서 시인의 작품의 한 특징이라고 하는 여운이 드러난다. 음미해보면 그렇다. 시인은 단풍을 보고 사람들이 흔히 그러하듯이 조락을 말하지 않는다. 끝이라는 생각, 그리고 생의 허무를 떠올리게 하지 않는다. 단풍도 꽃이라는 생각이 깔려 있다. 꽃이 아름답다면 지금 눈앞에 물든 저 단풍도 아름다운 꽃날의 순간이다. 다시 말하면 꽃날은 지금도 이어지고 있다. 젊은 날만 꽃날이더냐 하는 반문이 은연중에 감추어져 있다. 지금 이 순간을 긍정하는 자세라고 하겠다. 이처럼 단순한 소재에 간결한 언술로 인생관까지를 드러내는 것이 디카시의 힘이고 시인의 힘이다. 디카시의 창작원리에 충실하여 이미지와 언술이 일으키는 화학반응을 미학적으로 십분 활용한 것이라 하겠다. 또한 그 결과로써 곱씹을수록 새롭고 깊은 맛이 나게 하는 여운은 시인의 작품의 중요한 특징임을 알 수 있게 하는 작품이다.

그 너머 아득히

사소한
이야기들이
몰려 온다
〈

멸치 떼의
은비늘처럼!

이 작품 역시 평범한 이미지로부터 시작하고 있다. 수평선을 비추는 햇살이 윤슬을 일으키며 이쪽까지 빛을 드리운 모습이다. 이 시의 키워드는 '그 너머'와 '사소한 이야기', '멸치 떼 은비늘'이다. '그 너머'는 수평선 너머라 생각할 수 있다. 인간의 상상력은 지금 여기를 넘어 아득한 '그 너머'를 떠올려 이야기를 만들어낼 수 있다. 지금 여기는 늘 번잡하고 고뇌와 고통이 함께 한다. 그럴 때 더욱 '그 너머'가 그립다. 이 윤슬을 반짝이게 하는 이 찬란한 빛은 어디서 오는가 저 멀리 아득한 그 너머에서 온다. 안온하고 평화롭고 고통이 없을 것 같은 그 너머를 꿈꾼다. 빛이 오는 거기 그 너머는 어디일까, 어떤 모습일까? 무엇이 있을까? 시인은 그 너머가 천국이라든지 그 어떤 유토피아라고는 생각하지 않는다. '사소한 이야기'가 있는 곳이다. 우리를 꿈꾸게 하고 위로를 주는 것은 그 어떤 거창한 것이 아니다. 우리를 꿈꾸게 하는 것은 '사소한 이야기'인지도 모른다. 어릴 적 다정한 친구는 이제 아들딸 다 혼사 시키고 잘 늙어가고 있고, 저 너머의 세계로 먼저 가신 부모님은 평화로운 영면에 들어 계신다는 그런 사소한 이야기가 우리의 가슴을 규칙적으로 뛰게 하는 것이다. 멸치는 큰 물고기도 아니다. 그러나 떼로 헤엄치는 것을 상상해본다. 그 빛나는 은빛이며 떼로 움직여 빚어내는 생동감이란! 작지만 빛의 너울을 일으키며 이 현실의 곤고함을 잊게 하고 꿈꾸게 한다. 이 평범한 이미지와 단순한 언술이 주는 여운은 오래 마음에 잔상으로 남는다.

저녁에 보내다

멀어지는
거리만큼
창문은
열어 두겠습니다

아름다운 석양, 섬과 해변이 제시되어 있는데 그와 함께 결합하고 있는 언술은 다소 모호하다. 제목 "저녁에 보내다"의 문장에서 서술어 '보내다'의 목적어가 없기 때문이다. 무엇을 보낸다는 얘기일까? 그렇다. 시는 압축과 생략으로 이루어진 진술이 많다. 그 생략된 부분을 상상과 추리로 채워 넣는 것이 시를 읽는 독법이다. 독자와 함께 만들어가는 것이 시다. 그런 의미에서 시는 좀 불친절한 양식이다. 본문에서 보면 "멀어지는" 것이 있다. 아마 섬 사이로 자취를 감추고 있는 태양일 수도 있다. 그 태양은 또 내 마음에서 멀어지는 어떤 한 사람일 수도 있겠다. 저녁이 되면 빛나던 태양도 보내야 하고 또 생의 어느 순간엔 보내야 하는 사람도 있다. 인연이 저물어가는 시간이니 저녁쯤으로 표현해도 되겠다. 해를 보내든 사람을 보내든 아쉬움은 남는다. 어쩌면 아픔으로 남을 수도 있겠다. 미련과 안타까움, 때론 가슴 절절한 고통이 남을 수도 있다. 어찌할 수 없는 거리를 만드는 게 이별이다. 시인은 "멀어지는 거리만큼 창문은 열어 두겠다"고 한다. 창문을 닫는다는 것은 단절을 의미한다. 반대로 창문을 열어 둔다는 것은 소통 가능성을 없애버리지 않겠다는 것, 마음은 닫지 않겠다는 것, 아직 연결되어있다는 것, 그리움을 의미한다. 그 언어가 따습고 인간적이며 포용적이다. 삶과 우주를 대하는 시인의 마음 자세가 드러난 시라고 하겠다.

딱새

아침마다 꿱, 꿰엑
앉아 울던 둥지

어디서

낯선 잠을 청할까

비를 피할까

제목이 "딱새"인데 제시된 사진 이미지에는 딱새가 보이지 않는다. 아파트 창문을 가릴까 봐 나뭇가지를 모질게 쳐버린 나무가 있을 뿐이다. 나뭇가지 저 건너엔 촘촘하게 차들이 웅크리고 있다. 한눈에 보아도 추운 날씨다. 시인은 지금은 베어져 버렸지만 나뭇가지에 와서 둥지를 틀고 노래하던 한 마리 딱새를 생각한다. 가지를 몽땅 잘라버렸으니 와서 깃들 수가 없다. 낯선 그 어디로 가서 이 추위 속에 떨며 잠을 청할지 모른다. 비라도 온다면, 눈이라도 온다면… 시인은 한 마리 딱새, 눈에 보이지 않는 가엾은 딱새를 그린다.

한 마리 딱새에 대한 연민을 느낄 수 있다. 딱새로 표현되었지만 여기서 딱새는 생명을 가진 모든 것, 특히 약자를 표징 하는 상관물로 보인다. 자동차를 가지고 또 편히 발 뻗을 수 있는 사람은 이 겨울을 따뜻하게 나겠지만 그렇지 못한 사람들도 우리 사회엔 얼마든지 있다. 보금자리를 잃고 떠도는 사람들, 어려운 시대 상황 속에서 정주하지 못하는 삶은 또 얼마나 많은가? 시인의 눈엔 가지가 몽땅 잘린 나뭇가지에서 없는 딱새를 본다. 고통받는 생명을 떠올린다. 단순한 이미지와 간략한 언술이 융합하여 생명에 대한 따뜻한 연민을 품었다. 디카시의 힘이다.

녹턴

어떤 외로움이

먼 길 걸어와

창가에 내려놓는

맨발의

야상곡

밤이다. 먼 배경으로 도시의 불빛이 보인다. 그리고 이쪽으론 고양이 한 마리가 마침 열려있는 창문을 넘어 내려서려고 하고 있다. 문맥으로 추측건대 보호받으며 살고 있는 반려동물이 아니라 길고양이가 아닌가 한다. 도시는 인간들의 치열한 생존경쟁, 약육강식의 전쟁터다. 그 틈에 보호받지 못하고 목숨을 이어가는 길고양이들이 많다. 이 고양이도 그런 고양이 가운데 하나일 것이다. 추위와 굶주림을 견디지 못해 인간의 주거 공간으로 들어오는 경우가 많다. 사진 이미지는 저 어둠의 세상에서 이 빛의 공간으로 손을 내밀어 틈입하려는 모습을 보여준다. 비록 움직임을 찍었다고 하나 이 사진 이미지는 바로 그 한순간을 포착했다고 본다. 시적 화자는 이 순간에 음악을 본다. 정지된 화면의 시각적 이미지로부터 청각적 이미지를 읽어낸 것이다. 야상곡이다. 다른 말로 녹턴이라 하는 이 음악은 서구 낭만파 시대에 주로 피아노를 위하여 작곡된 서정적인 소곡에 붙인 이름이다. 조용한 밤의 기분을 나타낸다고 하여 야상곡이라고 번역한다. 고양이의 날렵하면서도 조심스런 동작과 색감이 차가운 도시의 밤공기에 생명의 온기를 느끼게 한다. 한 생명체에 대한 연민이 스며 있다. 그리고 고양이는 그것을 바라보는 사람에게 안도와 위안을 준다. 이 장면을 음악으로 표현한다면 야상곡이 되지 않을까 시인은 생각한 것이리라.

눈물의 질감

바닥에 닿을수록
단단해진다

눈물!

나뭇가지가 잘린 단면에 흐르는 수액 방울에 초점이 맞추어져 있다. 시인의 눈엔 세상의 상처가 먼저 들어온다. 그리고 그 상처에 흐르는 피이거나 그 눈에 흐르는 눈물이 먼저 들어온다. 시인은 어쩌면 그래서 상처를 노래하는 사람이고 상처를 치유하고자 하는 사람인지도 모른다. 잘린 나무가 눈물을 흘린다. 여기서 나무라고 하지만 나무는 생명을 가진 것, 언제든 강한 자에게 훼손당할 수 있는 약자를 상징한다. 시는 그렇게 비유이거나 상징의 언어로 직조되기 때문에 그 안에 함축된 또 다른 의미를 읽어낼 수 있어야 한다. 톱날이 지나갔을 것이다. 여기서 언급되지 않은 톱날은 이 눈물의 원인행위에 해당될 것이다. 세상의 모든 형태의 폭력을 의미한다.

눈물은 뜨겁게 솟구친다. 걷잡을 수 없는 감정의 분출이 눈물이라는 액체로 나타난 것이리라. 그러나 시인은 "바닥에 닿을수록 단단해진다"고 한다. 눈물이 단단해진다는 말은 무슨 뜻일까? 이 작품에서 쓰인 '바닥'이라는 공간을 의미하는 단어 속엔 시간성이 내포되어 있다. 눈물이 흘러 바닥에 닿기까지의 시간 말이다. 슬픔이, 격정이 아픔이 시간이 경과하여 눈물이 바닥에 떨어질 시간을 의미한다. 물리적인 의미의 시간이 아니다. 성찰과 치유와 극복의 시간이다. 뒤에 이어지는 단어, "단단해진다"는 심리적 질감을 가진 단어다. "눈물은 어떻게 단련되는가"라는 제목의 시집(박해석)에서처럼 단단한 눈물은 슬픔을 극복한 다음의 정신의 견고함을 말하고자 하는 것이다. 슬픔, 아픔은 인간의 내면을 더욱 단단하게 하는 도구다. 슬픔은, 아픔은, 눈물은 인간을 견고한 희망에 이르게 한다. 나뭇가지가 잘려버린 나무에 대한 위로다. 격려다. 자신을 포함하여 상처받은 뭇 생명에 건네는 위로와 치유의 메시지로 읽는다.

5단지 정류장

봄 심을 깊은 고랑
다 갖고 있어,

이리 할매
귀 어두워도
환하기만 하네

오영효 시인의 디카시의 다른 하나의 특징은 어렵지 않다는 것이다. 평범한 일상적 풍경과 상황을 이미지로 쓰고 있어 독자의 접근을 용이하게 해준다. 그러면서도 그 속에서 참신하고 깊은 의미를 도출해내고 있다.

5단지 정류장에 모여 앉아 봄 햇볕을 쬐면서 서로 이런저런 말씀을 나누며 소일하시는 할매들을 이미지로 쓰고 있다. "봄 심을 깊은 고랑"은 할머니들의 피

부에 새겨진 주름을 뜻한다. 그러나 노화로 인한 단순한 주름이 아니다. 시간을 견뎌내 보지 못한 자들에겐 없는 영광의 고랑이다. 노년이라고 다 끝난 것은 아니다. 흔히 하는 말대로 앞으로 남은 시간 가운데 가장 젊은 시간이다. 이제 또 봄맞이를 하고 거기에 희망을 파종할 것이다. 이 역시 시인이 시에 일관되게 보여주고자 하는 긍정의 메시지라고 할 수 있다. "귀 어두워도/환하기만 하다"는 표현에서 "환하다"에 주목한다. 여기서 '귀 어둡다'는 노화로 인하여 청각 기능이 약해졌다는 물리적 의미만은 아니다. 세상에서 들려오는 한 마디 한 마디에 일희일비하고 거기에 마음이 끄달려 끊임없이 갈등했던 시간이 지나 이제 그런 세상의 잡음에 귀를 닫았다는 의미로 읽힌다. '환하다'는 그래서 노년에 이르러서 얻은 평정심, 평화를 의미한다고 하겠다. 단순하고 평범한 일상의 풍경 속에 삶에서 깨달은 지혜와 긍정과 희망의 메시지를 담아내고 있는 작품이다.

춤

물을 만진다
물이 만졌다

맨발에
토슈즈를 신는다
바라데로* 해변

* 쿠바의 작은 마을.

사진 한 장이 주는 인상이 참 맑고 밝다. 여기에 이어지는 언술 또한 산뜻하다. "물을 만진다"의 주체는 화자다. 그러나 "물이 만졌다"의 주체는 물이다. 주객이 일체가 되는 장면이다. 참 맑고 밝은 풍경 속에서 시인이 얻어낸 것은 단순한 아름다움이기보다는 자연과 자아가 하나가 되는 심리적 일체감이다. 물아일체의 경지다. 심리적 충족감을 넘어서 자연과 내가 둘이 아니라 하나라는 정신적 깨달음과도 같은 환희심이다. 영혼이 활짝 열리는 순간을 포착한 것이다.

물을 나를 만지는 활물론적 주체로 본다면 "맨발에/토슈즈를 신"는 주체를 꼭 시적 화자로 볼 필요는 없다. 토슈즈를 신는 것은 시적 자아일 수 있지만 물일 수도 있는 것이다. 이처럼 다소 재미있는 해석이 가능한 표현이다. 맨발에 토슈즈를 신은 물결이 춤을 춘다. 맨발에 토슈즈를 신은 내가 춤을 춘다. 이 시는 나와 사물의 경계를 넘어서 일체가 되는 환희의 경지를 노래한 작품이다. 디카시 동네에 평범하고 단순한 풍경 이미지에서 이처럼 도저한 미학적 성취를 이끌어낸 작품이 많지 않다.

커튼콜

영화가 끝나

엔드 크레딧이

올라가고,

끝없는 파도의

박수 소리

제시된 이미지는 파도치는 바다 저 멀리 야트막한 산 너머로 해가 지는 모습이다. 황혼이다. 누구에게나 삶에도 황혼의 시간이 온다. 여기서 쓰인 황혼 이미지는 우리 생의 끝 무렵을 은유하고 있다. 언술과 결합하는 이미지가 언술과 비유적 관계에 놓일 때 효과를 발휘한다.

꽃길만 걷고 싶지만 어디 세상 길이 꽃길만 있던가? 돌아보면 우리 생은 수많은 높고 낮은 파도의 연속이었다. 때로 웃고 때로 울며, 만나고 헤어지고 넘어지고 또 일어나고 잔파도 거센 파도 다 지나 어느 순간 생의 황혼에 이르게 된다. 황혼은 어둠으로 이어져 긴 긴 밤이 올 것이다. 우리의 삶 또한 다르지 않다.

때로 끝이 시작과 과정을 규정할 수 있다. 처음과 그 과정이 좋았어도 끝이 아름답지 않으면 그 전체가 아름답지 못하다고 할 수 있기 때문이다. 생의 과정이 비록 험난하고 거칠었다 하더라도 거기에서 현명하고 지혜로우며 아름다운 결말을 끌어낼 수 있다면 참다운 생으로 기록될 것이다. 막이 내렸어도 관객들은 환호하고 박수를 보내는 영화나 연극, 공연이 있다. 시인은, 철썩철썩 밀려오는 파도 소리를 마치 하루를 아름답게 마무리하는 저 석양에게 보내는 커튼콜의 환호와 박수로 보았다. 삶을 아름답게 기록하고 싶은 자의 소망이 아닌가 한다.

 한 편의 디카시가 인간의 내면에 감추어진 복합적인 감정, 한 개인의 철학적 사유까지를 드러내 줄 수 있다. 디카시의 창작원리에 대한 깊은 이해를 바탕으로 했을 때 가능한 이야기다. 디카시를 쓰는 사람은 디카로 보고 디카로 발견하며 디카로 사유하고 디카로 예술한다. 디카시엔 발견의 기쁨과 깨달음의 환희가 있으며 자아 깊숙한 곳에 자리하고 있는 무형의 감정과 사유에 형상을 입혀주는 힘이 있다. 오영효의 디카시는 이러한 디카시의 힘과 가능성을 여실히 보여준다.

오영효 디카시집

창문은
열어
두겠습니다

지은이 오영효 **초판인쇄** 2024년 8월 7일 **초판발행** 2024년 8월 16일
펴낸곳 도서출판 상상인 **편집주간** 황정산 **펴낸이** 진혜진 **기획·마케팅**
전은빈 최유림 노혜림 정현수 **책임교정** 종이시계 **편집** 세종PNP
등록번호 제572-96-00959호 **등록일자** 2019년 6월 25일 **주소** 06621 서울시
서초구 서초대로74길 29, 904호 **전화번호** 02-747-1367, 010-7371-1871 **팩스**
02-747-1877 **전자우편** ssaangin@hanmail.net

ISBN 979-11-93093-58-0 (03810)

값 13,000원

* 이 책은 전부 또는 일부 내용을 재사용하려면 반드시 저작권자와 도서출판 상상인의 동의를 받아야 합니다.
* 이 도서의 국립중앙도서관 출판시도서목록(CIP)은 서지정보유통지원시스템 홈페이지(http://seoji.nl.go.kr)와 국가자료공동목록시스템(http://www.nl.go.kr/kolisnet)에서 이용하실 수 있습니다.